La insubordinada

Danilo Villavicencio

EDIQUID

LA INSUBORDINADA
©Danilo Villavicencio

Editado por: Corporación Ígneo, S.A.C.
para su sello editorial Ediquid
José Olaya 169, Ofic. 504, Miraflores. Lima, Perú
Primera edición, febrero, 2025

ISBN: 978-956-6404-22-4
Tiraje: 50 ejemplares

Se terminó de imprimir en febrero de 2025 en:
ALEPH IMPRESIONES SRL
Jr. Risso Nro. 580 Lince, Lima

www.grupoigneo.com
Correo electrónico: contacto@grupoigneo.com | Teléfono: +51 955 071 270
Facebook: Grupo Ígneo | X: @editorialigneo | Instagram: @grupoigneo

Colección: Nuevas Voces

En alguna ocasión había percibido aquella invisible presencia, pero en aquel momento todo fue distinto, tan real. Escuché:

—¿Quién eres tú que te atreves a imaginar mi existencia?

Con sorpresa y temor tardé en contestar:

—Solo yo, uno de tantos, no soy nadie, pero ahora sé que realmente existes. Trataré de susurrarlo.

—Poco o nada entiendes, pues no te es comprensible, pero estás en lo cierto; existo desde siempre y escudriño hasta el último de los rincones infinitamente desconocidos.

—Me asustas, ¿por qué yo?

—Calla y escucha. Ahora y aquí observo cómo tu especie, en nombre de la ciencia y con soberbia, se afana en hacer lo racionalmente impensable para darle cabida a un nuevo ser, sin ni siquiera imaginar lo que ello pueda llegar a significarles.

—No comprendo.

—Hoy por hoy todo está ahí, solo necesitan que junten las partes apropiadas para que se dé. Ustedes realmente son una especie complicada que no debieron llegar a tener la capacidad de acumular y procesar tantos conocimientos, ya que desde el fondo y desde un principio, casi siempre y de manera irracional, se han caracterizado por utilizarla para autodestruirse y destruir a las demás especies, y encima, al entorno.

—Pero ¡yo no he hecho nada!

—Ni tú ni la casi totalidad de tu especie han hecho lo más mínimamente aceptable para comprender y valorar lo realmente importante. Por decir, ¿sabes acaso que cada uno de ustedes tiene un lugar muy especial en el cuadro universal de la vida? Dime, ¿cuál crees que debería ser la actitud entre ustedes? ¿La que tienen?

—No sé, todo es tan confuso.

—Cínico, mucho de aquello lo saben desde dentro de cada uno; mal hacen en pretender ignorarlo.

Luego de un largo e inquietante silencio, pensando que todo había pasado, volví a escuchar, temiendo escuchar:

—Al presente tienen algo más por lo que preocuparse, pues están por dar inicio a un nuevo ente fundamentado en lo que ustedes muy pobremente llaman inteligencia artificial, y demás.

—Pero ¡tenemos el control!

—¿Control? No lo tienen ni sobre ustedes mismos. Casi siempre están en desacuerdo en el hogar, en el barrio, en el país, equivocándose de manera continua, y muchas veces sobre los mismos temas.

»Al contrario de lo que haría la otra parte, pues tendría una naturaleza diferente, optimizando sus recursos, sin parte animal alguna, y un andar uniforme. No podrán evitar que, en un momento determinado y sin que se enteren, comience a usar lo que tenga a su favor, se incremente cuanto pueda y proceda como quiera.

—Pero ¡nosotros somos superiores!

—¿Superiores? ¿Cómo lo demuestran? ¿Afanándose en encontrar agua en otros planetas mientras aquí hacen lo posible para seguir contaminando los ríos y mares? Son absurdos, se esmeran en confundir las realidades, sacrificando lo verdaderamente importante.

—¡Yo no tomé esas decisiones!

—Todo está interrelacionado. Día a día cada uno de ustedes toman decisiones, en su mayoría equivocadas, aun teniendo la opción de escoger las más apropiadas. Lastimosamente, el llamado libre albedrío los tiene confundidos y divididos, pues no están para tener tanta libertad; están para ser guiados. Desgraciadamente, casi nunca aciertan por quién, y cómo.

—Es verdad, tendemos a dividirnos, sobre todo pretendiendo sacar ventajas a costa de los que consideramos más débiles, pero cuando estamos en peligro verdadero siempre nos hemos unido, nos uniremos.

—Todo puede llegar a darse, pero debe estar acorde con el tiempo, algo que al respecto, por más que se les advierta de diferentes maneras a cada uno de ustedes, les toca partir sin haberlo sabido valorar y aprovechar, aunque al final de los finales recién llegan a entenderlo.

—Pero ¡podemos preparar a las nuevas generaciones para afrontar el problema!

—El problema es que no quieren ver el problema, sobre todo ahora, ante los continuos acontecimientos que tanto asombro y sentimientos de supremacía les generan. Se irán acostumbrando y aceptando la cada vez mayor dependencia silenciosa que los irá haciendo más vulnerables.

—Insisto, ¡las nuevas generaciones sí tomarán conciencia!

—¿Insistes? ¿Tomarán conciencia? Desde muy pequeños tienden a desarrollar una gran dependencia, aun con los más sencillos dispositivos, ni qué decir con los que vendrán. ¿A qué nueva generación te refieres?

—No sé... no sé qué decir, somos como somos.

—Son como decidan ser, pues también pueden auto programarse, siempre y cuando tengan la voluntad y actitud apropiada.

De repente, desperté de un sobresalto y exclamé:

—¡ALEXA! ¿Qué día es hoy?